MIS 1.001 IDEAS

Y MÁS...

www.ingramcontent.com/pod-product-compliance
Lightning Source LLC
Chambersburg PA
CBHW081607220526
45468CB00010B/2799